Meine Schulfreunde

Mit Illustrationen von
Gisela Dürr

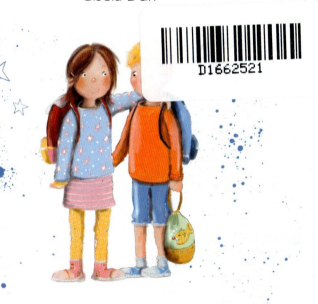

Butzon & Bercker

Endlich bin ich ein Schulkind!

Am _____ war mein erster Schultag.

Meine Schule heißt: _____

_____

Sie steht in _____

Mein/e Klassenlehrer/in heißt: _____

Ich gehe in die Klasse _____

**Jedes Kind ist einzigartig,
jeder Mensch ist etwas Besonderes.**
Franz Hübner

Hier kannst du ein Foto von dir
an deinem ersten Schultag einkleben.

Das bin ich!

Hier ist Platz
für ein Foto.

Mein Name: _____

_____

Mein Geburtstag:

_____

Meine Adresse:

_____

_____

Meine Telefonnummer:

_____

Meine E-Mail-Adresse:

_____

Meine Freunde / Freundinnen:

_____

_____

Mein/e Lieblingslehrer/in:

_____

Mein Lieblingsfach:

_____

Meine Hobbys:

_____

_____

Mein Lieblingsbuch:

_____

Mein Lieblingsfilm:

_____

Das will ich mal werden:

_____

Das wünsche ich dir!

_____

_____

_____

_____

Datum

Das gefällt mir an dir besonders:

_____

_____

_____

_____

Das ist für dich!

Hier ist Platz für ein Foto, ein Bild oder einen Spruch.

_____

Meine Unterschrift

Das bin ich!

Mein Name: _____

_____

Mein Geburtstag:

_____

Meine Adresse:

_____

Meine Telefonnummer:

_____

Meine E-Mail-Adresse:

_____

Meine Freunde / Freundinnen:

_____

_____

Mein/e Lieblingslehrer/in:

_____

Mein Lieblingsfach:

_____

Meine Hobbys:

_____

_____

Hier ist Platz
für ein Foto.

Mein Lieblingsbuch:

_____

Mein Lieblingsfilm:

_____

Das will ich mal werden:

_____

Das wünsche ich dir!

_____

_____

_____

_____

_____
Datum

Das ist für dich!

Hier ist Platz
für ein Foto, ein Bild
oder einen Spruch.

Das gefällt mir an dir
besonders:

_____

_____

_____

_____

_____
Meine Unterschrift

Das bin ich!

Mein Name: _____

Hier ist Platz
für ein Foto.

_____

Mein Geburtstag:

Meine Freunde / Freundinnen:

_____

Meine Adresse:

_____

_____

Mein/e Lieblingslehrer/in:

_____

_____

Meine Telefonnummer:

Mein Lieblingsfach:

_____

Meine E-Mail-Adresse:

Meine Hobbys:

_____

_____

_____

Mein Lieblingsbuch:

_____

Mein Lieblingsfilm:

_____

Das will ich mal werden:

_____

Das wünsche ich dir!

_____

_____

_____

_____

Datum

Das gefällt mir an dir besonders:

_____

_____

_____

Das ist für dich!

Hier ist Platz
für ein Foto, ein Bild
oder einen Spruch.

Meine Unterschrift

Das bin ich!

Mein Name: _____

_____

Mein Geburtstag:

_____

Meine Adresse:

_____

_____

Hier ist Platz
für ein Foto.

Meine Telefonnummer:

_____

Meine E-Mail-Adresse:

_____

Meine Freunde / Freundinnen:

_____

_____

Mein/e Lieblingslehrer/in:

_____

Mein Lieblingsfach:

_____

Meine Hobbys:

_____

_____

Das ist für dich!

Hier ist Platz
für ein Foto, ein Bild
oder einen Spruch.

Mein Lieblingsbuch:

_____

Mein Lieblingsfilm:

_____

Das will ich mal werden:

_____

_____
Datum

Das wünsche ich dir!

_____

_____

_____

_____

Das gefällt mir an dir
besonders:

_____

_____

_____

_____
Meine Unterschrift

Das bin ich!

Mein Name: _____

Hier ist Platz
für ein Foto.

_____

Mein Geburtstag:

Meine Freunde / Freundinnen:

_____

_____

Meine Adresse:

_____

Mein/e Lieblingslehrer/in:

_____

_____

Meine Telefonnummer:

Mein Lieblingsfach:

_____

_____

Meine E-Mail-Adresse:

Meine Hobbys:

_____

_____

_____

Mein Lieblingsbuch:

_____

Mein Lieblingsfilm:

_____

Das will ich mal werden:

_____

Das ist für dich!

Hier ist Platz
für ein Foto, ein Bild
oder einen Spruch.

Das wünsche ich dir!

_____

_____

_____

Das gefällt mir an dir
besonders:

_____

_____

_____

_____

_____
Datum

_____
Meine Unterschrift

Das bin ich!

Hier ist Platz
für ein Foto.

Mein Name: _____

Mein Geburtstag:

_____

Meine Adresse:

_____

Meine Telefonnummer:

_____

Meine E-Mail-Adresse:

_____

Meine Freunde / Freundinnen:

_____

_____

Mein/e Lieblingslehrer/in:

_____

Mein Lieblingsfach:

_____

Meine Hobbys:

_____

Mein Lieblingsbuch:

_____

Mein Lieblingsfilm:

_____

Das will ich mal werden:

_____

Das gefällt mir an dir besonders:

_____

_____

_____

_____

Das wünsche ich dir!

_____

_____

_____

_____

Das ist für dich!

Hier ist Platz
für ein Foto, ein Bild
oder einen Spruch.

_____   _____
Datum   Meine Unterschrift

Das bin ich!

Mein Name: _____

_____
Mein Geburtstag:

_____
Meine Adresse:

_____

_____
Meine Telefonnummer:

_____
Meine E-Mail-Adresse:

_____

Meine Freunde / Freundinnen:

_____

_____

Mein/e Lieblingslehrer/in:

_____

Mein Lieblingsfach:

_____

Meine Hobbys:

_____

_____

Hier ist Platz
für ein Foto.

Mein Lieblingsbuch:

_____

Mein Lieblingsfilm:

_____

Das will ich mal werden:

_____

Das wünsche ich dir!

_____

_____

_____

_____

_____
Datum

Das ist für dich!

Hier ist Platz
für ein Foto, ein Bild
oder einen Spruch.

Das gefällt mir an dir besonders:

_____

_____

_____

_____

_____
Meine Unterschrift

Das bin ich!

Mein Name: _____

Hier ist Platz
für ein Foto.

_____

Mein Geburtstag:

Meine Freunde / Freundinnen:

_____

Meine Adresse:

_____

_____

Mein/e Lieblingslehrer/in:

_____

_____

Meine Telefonnummer:

Mein Lieblingsfach:

_____

_____

Meine E-Mail-Adresse:

Meine Hobbys:

_____

_____

_____

Mein Lieblingsbuch:

_____

Mein Lieblingsfilm:

_____

Das will ich mal werden:

_____

Das wünsche ich dir!

_____

_____

_____

_____

_____
Datum

Das gefällt mir an dir besonders:

_____

_____

_____

_____

Das ist für dich!

Hier ist Platz
für ein Foto, ein Bild
oder einen Spruch.

_____
Meine Unterschrift

Das bin ich!

Mein Name: _____

_____

Mein Geburtstag:

_____

Meine Adresse:

_____

_____

Hier ist Platz
für ein Foto.

Meine Telefonnummer:

_____

Meine E-Mail-Adresse:

_____

Meine Freunde / Freundinnen:

_____

_____

Mein/e Lieblingslehrer/in:

_____

Mein Lieblingsfach:

_____

Meine Hobbys:

_____

_____

Das ist für dich!

Hier ist Platz
für ein Foto, ein Bild
oder einen Spruch.

Mein Lieblingsbuch:

_____

Mein Lieblingsfilm:

_____

Das will ich mal werden:

_____

_____
Datum

Das wünsche ich dir!

_____

_____

_____

_____

Das gefällt mir an dir
besonders:

_____

_____

_____

_____

_____
Meine Unterschrift

Das bin ich!

Mein Name: _____

Hier ist Platz
für ein Foto.

_____

Mein Geburtstag:

Meine Freunde / Freundinnen:

_____

Meine Adresse:

_____

_____

Mein/e Lieblingslehrer/in:

_____

Meine Telefonnummer:

_____

Mein Lieblingsfach:

_____

Meine E-Mail-Adresse:

Meine Hobbys:

_____

_____

Mein Lieblingsbuch:

_____

Mein Lieblingsfilm:

_____

Das will ich mal werden:

_____

Das ist für dich!

Hier ist Platz
für ein Foto, ein Bild
oder einen Spruch.

Das wünsche ich dir!

_____

_____

_____

Das gefällt mir an dir
besonders:

_____

_____

_____

_____

_____

Datum

Meine Unterschrift

Das bin ich!

Hier ist Platz
für ein Foto.

Mein Name: _____

_____

Mein Geburtstag:

_____

Meine Adresse:

_____

_____

Meine Telefonnummer:

_____

Meine E-Mail-Adresse:

_____

Meine Freunde / Freundinnen:

_____

_____

Mein/e Lieblingslehrer/in:

_____

Mein Lieblingsfach:

_____

Meine Hobbys:

_____

_____

Mein Lieblingsbuch:

_____

Mein Lieblingsfilm:

_____

Das will ich mal werden:

_____

Das wünsche ich dir!

_____

_____

_____

_____

Das gefällt mir an dir besonders:

_____

_____

_____

_____

Das ist für dich!

Hier ist Platz für ein Foto, ein Bild oder einen Spruch.

_____
Datum

_____
Meine Unterschrift

Das bin ich!

Mein Name: _____

_____
Mein Geburtstag:

_____
Meine Adresse:

_____

_____
Meine Telefonnummer:

_____

_____
Meine E-Mail-Adresse:

_____

Meine Freunde / Freundinnen:

_____

_____

Mein/e Lieblingslehrer/in:

_____

Mein Lieblingsfach:

_____

Meine Hobbys:

_____

_____

Hier ist Platz
für ein Foto.

Mein Lieblingsbuch:

_____

Mein Lieblingsfilm:

_____

Das will ich mal werden:

_____

Das wünsche ich dir!

_____

_____

_____

_____

_____
Datum

Das ist für dich!

Hier ist Platz
für ein Foto, ein Bild
oder einen Spruch.

Das gefällt mir an dir besonders:

_____

_____

_____

_____

_____
Meine Unterschrift

Das bin ich!

Mein Name: _____

Hier ist Platz
für ein Foto.

_____

Mein Geburtstag:

Meine Freunde / Freundinnen:

_____

_____

Meine Adresse:

_____

_____

Mein/e Lieblingslehrer/in:

_____

_____

Meine Telefonnummer:

Mein Lieblingsfach:

_____

_____

Meine E-Mail-Adresse:

Meine Hobbys:

_____

_____

_____

Mein Lieblingsbuch:

_____

Mein Lieblingsfilm:

_____

Das will ich mal werden:

_____

Das wünsche ich dir!

_____

_____

_____

_____

_____
Datum

Das gefällt mir an dir besonders:

_____

_____

_____

_____

Das ist für dich!

Hier ist Platz
für ein Foto, ein Bild
oder einen Spruch.

_____
Meine Unterschrift

Das bin ich!

Mein Name: _____

_____

Mein Geburtstag:

_____

Meine Adresse:

_____

_____

Hier ist Platz
für ein Foto.

Meine Telefonnummer:

_____

Meine E-Mail-Adresse:

_____

Meine Freunde / Freundinnen:

_____

_____

Mein/e Lieblingslehrer/in:

_____

Mein Lieblingsfach:

_____

Meine Hobbys:

_____

_____

Das ist für dich!

Hier ist Platz
für ein Foto, ein Bild
oder einen Spruch.

Mein Lieblingsbuch:

_____

Mein Lieblingsfilm:

_____

Das will ich mal werden:

_____

_____
Datum

Das wünsche ich dir!

_____

_____

_____

_____

Das gefällt mir an dir
besonders:

_____

_____

_____

_____

_____
Meine Unterschrift

Das bin ich!

Mein Name: _____

Hier ist Platz für ein Foto.

_____

Mein Geburtstag:

Meine Freunde / Freundinnen:

_____

Meine Adresse:

_____

_____

Mein/e Lieblingslehrer/in:

_____

_____

Meine Telefonnummer:

Mein Lieblingsfach:

_____

_____

Meine E-Mail-Adresse:

Meine Hobbys:

_____

_____

_____

Mein Lieblingsbuch:

_____

Mein Lieblingsfilm:

_____

Das will ich mal werden:

_____

Das ist für dich!

Hier ist Platz
für ein Foto, ein Bild
oder einen Spruch.

Das wünsche ich dir!

_____

_____

_____

Das gefällt mir an dir
besonders:

_____

_____

_____

_____

_____

Datum

_____

Meine Unterschrift

Das bin ich!

Hier ist Platz
für ein Foto.

Mein Name: _____

_____

Mein Geburtstag:

_____

Meine Adresse:

_____

_____

Meine Telefonnummer:

_____

Meine E-Mail-Adresse:

_____

Meine Freunde / Freundinnen:

_____

_____

Mein/e Lieblingslehrer/in:

_____

Mein Lieblingsfach:

_____

Meine Hobbys:

_____

_____

Mein Lieblingsbuch:

_____

Mein Lieblingsfilm:

_____

Das will ich mal werden:

_____

Das wünsche ich dir!

_____

_____

_____

_____

Das gefällt mir an dir besonders:

_____

_____

_____

_____

Das ist für dich!

Hier ist Platz
für ein Foto, ein Bild
oder einen Spruch.

_____
Datum

_____
Meine Unterschrift

Das bin ich!

Mein Name: _____

_____

Mein Geburtstag:

_____

Meine Adresse:

_____

_____

Meine Telefonnummer:

_____

Meine E-Mail-Adresse:

_____

Meine Freunde / Freundinnen:

_____

_____

Mein/e Lieblingslehrer/in:

_____

Mein Lieblingsfach:

_____

Meine Hobbys:

_____

_____

Hier ist Platz
für ein Foto.

Mein Lieblingsbuch:

_____

Mein Lieblingsfilm:

_____

Das will ich mal werden:

_____

Das wünsche ich dir!

_____

_____

_____

_____

_____
Datum

Das ist für dich!

Hier ist Platz
für ein Foto, ein Bild
oder einen Spruch.

Das gefällt mir an dir
besonders:

_____

_____

_____

_____

_____
Meine Unterschrift

Das bin ich!

Mein Name: _____

_____

Hier ist Platz für ein Foto.

Mein Geburtstag:

_____

Meine Freunde / Freundinnen:

_____

Meine Adresse:

_____

_____

Mein/e Lieblingslehrer/in:

_____

_____

Meine Telefonnummer:

_____

Mein Lieblingsfach:

_____

Meine E-Mail-Adresse:

_____

Meine Hobbys:

_____

_____

Mein Lieblingsbuch:

_____

Mein Lieblingsfilm:

_____

Das will ich mal werden:

_____

Das wünsche ich dir!

_____

_____

_____

_____

Das gefällt mir an dir besonders:

_____

_____

_____

_____

Das ist für dich!

Hier ist Platz
für ein Foto, ein Bild
oder einen Spruch.

_____
Datum

_____
Meine Unterschrift

Ich wünsch mir einen Freund

Ich wünsch mir einen Freund,
ganz für mich allein.
Wie ein guter Engel
soll er für mich sein.

Ich wünsch mir einen Freund,
der weiß, was mich bedrückt,
der Mut mir macht,
wenn mir gar nichts glückt.

Ich wünsch mir einen Freund,
der immer zu mir steht,
und zusammen, Hand in Hand,
mit mir durchs Leben geht.

Heidi Rose

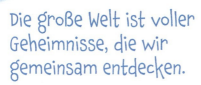

Die große Welt ist voller
Geheimnisse, die wir
gemeinsam entdecken.

Cordula Janusch

Ich wünsche dir Freunde
so bunt wie ein Regenbogen.

Irmgard Erath

Auch wenn du es nicht spürst:
Dein starker Schutzengel
hilft dir immer dabei,
den besten Weg zu finden.

Franz Hübner

Quellennachweise

Ich wünsch mir einen Freund, aus: Heidi Rose,
Freunde sind wie Engel. Mein Poesiealbum zur Erstkommunion,
© 2007 Butzon & Bercker GmbH, Kevelaer, www.bube.de
Die große Welt ist voller Geheimnisse und *Ich wünsche dir Freude,* aus:
Jetzt bin ich ein Kindergartenkind, Fotoalbum,
© 2009 Butzon & Bercker GmbH, Kevelaer, www.bube.de
Auch wenn du es nicht spürst, aus: Franz Hübner, Begleite mich zur Schule,
kleiner Schutzengel, Butzon & Bercker GmbH, Kevelaer, www.bube.de

Illustrationen: Gisela Dürr

Bibliografische Information der Deutschen Nationalbibliothek
Die Deutsche Nationalbibliothek verzeichnet diese Publikation
in der Deutschen Nationalbibliografie; detaillierte bibliografische
Daten sind im Internet über http://dnb.d-nb.de abrufbar.

Das Gesamtprogramm
von Butzon & Bercker
finden Sie im Internet
unter www.bube.de

ISBN 978-3-7666-2822-0

Neuausgabe 2021

© 2020/2021 Butzon & Bercker GmbH, Hoogeweg 100, 47623 Kevelaer,
Deutschland, www.bube.de. Alle Rechte vorbehalten.
Umschlagillustration: Gisela Dürr
Satz: Werner Dennesen, Weeze